उड़ारिया
WINGS TO FLY

नौरीन ब्रानो

Copyright © Naureen Bano
All Rights Reserved.

क्रम-सूची

क्रम-सूची

लेखिका के बारे में

मेरा नाम नौरीन बानो है, मैं बाड़मेर के एक छोटे से गांव से हूं। मैं बी. कॉम स्नातक हूं और मैं एक गृहणी हूं।मैंने बहुत सारी काव्य संग्रह में भाग लिया हैं, जिसमें तेरी मिट्टी और तितली विशेष है।

किताब के बारे में

दो साल पहले मैंने लिखना प्रारम्भ किया, मानो सूनी सी जिन्दगी में जगी एक आस हो, मैं भी कुछ हूं, मुझमें भी हैं कुछ खास इसी सोच के साथ लिखने का किया आगाज। अपनी भावनाओं को शब्दों में संजोती गई, मोतियों की तरह पिरातो गई, इसी के साथ मैं बनी कवि सरताज।

माफ करना यह मेरा प्रथम प्रयास है। जिसमे गलतियां होना स्वाभाविक है और इंसान गलतियों से ही सीखता है। मैं चाहती हूं मेरी किताब को बहुत सारा प्यार मिले और भविष्य में और किताब लिखने की प्रेरणा।

मैं आशा करती हूं कि आपको किताब पसंद आएगी।

धन्यवाद,
नौरीन बानो।

1. ख्वाहिशों पर नहीं हमारा जोर दिल मांगे मोर

चंद पैसो मे करते गुजारा हर रोज़

दिखावे का नहीं होता था भोज

कमाने लगे हज़ारो हर रोज़

लाखो कमाने को लगाते हौड़

ख्वाहिशों पर नहीं हमारा जोर दिल मांगे मोर

चलते थे पैदल एक रोज़

फिर आया साइकिल का दौर

ले आये मोटरगाड़ी एक रोज़

अब कारों का सपना देखते हररोज़

ख्वाहिशों पर नहीं हमारा जोर दिल मांगे मोर

पँखी से लेते हवा का मौज़

पंखे की हो गई फिर खोज

कूलर ने दी दस्तक एक रोज़

एसी लाना चाहते एक और

ख्वाहिशों पर नहीं हमारा जोर दिल मांगे मोर

ख़त कहते कहानी सिर्फ एक ओर

टेलीफोन से की बातें दोनों ओर

मोबाइल से अछूता ना रहा कोई छोर

चाहते वीडियो कॉल से आगे का दौर

ख्वाहिशों पर नहीं हमारा जोर दिल मांगे मोर

पेड़ो के नीचे सोये कई दौर

झोपडी मे आती ठंडी हवा चारो ओर

रहते है पक्के मकानों मे,
लालसा रहती बंगलो की, मन के किसी छोर
ख्वाहिशों पर नहीं हमारा जोर दिल मांगे मोर
एक दीपक लेता था रौशनी खोज
फिर आ गया मोमबत्ती का दौर
बल्ब ने बिखेर दी रौशनी चारो ओर
एक कमरे मे चाहते, लाइटे चारो ओर
ख्वाहिशों पर नहीं हमारा जोर दिल मांगे मोर
चलते हफ्तों तक पहुँचने किसी ठोर
पहुँचते पहुँचते हो जाती थी भोर
अब कुछ ही मिनटो मे पहुँचते हर ओर
फिर भी मेट्रो का चाहते हम दौर
ख्वाहिशों पर नहीं हमारा जोर दिल मांगे मोर
इच्छाओ का नहीं कोई छोर
इच्छाएं बनी दुखो का कारण हर दौर
मन को वश मे करने को,
बुद्ध देते थे जोर
मन को वश मे करलो तो,
दिल ना मांगे मोर -2

2. अनंत यात्रा की शुरुआत

खो चुका था मैं, जब खुद पर से विश्वास
ख़त्म करने निकल पडा, जीवन का वनवास
जिंदगी ने खोज रखा था, कुछ अजीब सा इतफ़ाक़
और पहुँचा दिया उनको वहा, देने मेरा साथ
उनसे थी ये मेरी, पहली ही मुलाक़ात
आए वो मेरे पास
और कर दी सवालों की बरसात
समझ मुझको नहीं आई, उनकी एक भी बात
इसलिए उन्हीने कर दिया, प्यार का इज़हार
भोच्चका मैं रहा गया, सुनकर उनके अलफ़ाज़
समझ को अपनी संभाल, पूछा जो फिर एकबार
उन्होंने फिर कह डाले, वो सारे अल्फाज़
छेड़ा था उन्होंने, मेरे जीवन का नया साज़
तब से दी है मैंने, अपनी जिंदगी उनको उधार
हो चला था मेरी, जिंदगी का नया आगाज़
ख़तम करने से हुई, नये अध्याय की शुरुआत
एक दिन की उन्होंने, कुछ लिखने की दरख्वास्त
लिखने जो बैठा, तारीफ मे उनकी कुछ खास
बस लिखता चला गया, अपने दिल के ख्यालात
इस कदर शुरू हुई, मेरी अनंत यात्रा की शुरुआत
तारीफ मे लिखकर उनके, बना कवि सरताज
अटखेलियों ने उनकी, दिया मुझे नया अंदाज़
वक्त के साथ हासिल की, हर एक नगमात

एक दिन आया ऐसा, बिखर गया मेरे सपनो का वास
धोखा दिया उन्होंने मुझको,
नहीं बता कर अपनी मुश्किलात
दिल मे था छेद उनके, जिसका ना था इलाज
जो मैंने चाहा दे दू उनको, दिल अपना निकाल
लेकिन चिकित्सको ने ना मानी, मेरी एक भी बात
और वो दे बैठे मुझको, जिंदगी जीने की कसम एक खास
खतम नहीं होती ये जिंदगी, कही टूट ना जाये कसम आज
याद मे आज भी उनके, फूट पड़े मेरे सारे जज़्बात
उनको खो कर रखता मैं, उनके लिए जीने की आस
अनंत तक गूंजेगा, सिर्फ उनका ही राग
और इसी तरह लिखता रहेगा
उनका कवि सरताज -2

3. ख़्वाबों को मेरे

ख़्वाबों को मेरे
सच कर के दिखाता है
जोड़ना है या घटाना
जानकारी दे जाता है
सवालों को मेरे
हल कर के बताता है
लेकिन वो
कैलकुलेटर नहीं कहलाता है
देखना है उस साथी का
नाम कौन बुझाता है
जीवन को मेरे
सुलभ वो बनाता है
एक से दूसरी जगह
पलभर मे पहुँचाता है
अपनों से मेरी
बातें वो करवाता है
लेकिन उसको कोई
मोबाइल नहीं पाता है
देखना है उस साथी का
नाम कौन बुझाता है
जो भी चाहु
वो मुझ तक पहुंचाता है
मेरी पसंद का खाना
मेरे लिए बनवाता है

दुनिया भर का ज्ञान
रोज़ वो दे जाता है
लेकिन उसे कोई
पिता नहीं कह पाता है
देखना है उस साथी का
नाम कौन बुझाता है.
विदेशो मे वो
अपनों से मिलवाता है
पूर्व पश्चिम उत्तर दक्षिण
सब तरफ ले जाता है
खो जाता कही
तो दिशा वो दिखाता है
लेकिन वो
दिशासूचक नहीं कहलाता है
देखना है उस साथी का
नाम कौन बुझाता हैदिखता वो नहीं
पर अपना एहसास दिलाता है
चला जाता मे कही
पीछे वो आ जाता है
मुश्किलों मे मेरी
काम वो आता है
ऐसा कोई साथी
कही ना मिल पाता है
वो तो मेरा साथी इंटरनेट कहलाता है -2

4. धर्म नहीं सिखाता लेना किसी की जान

ये रस्मे बनाई उन्होंने जो कहते खुद को भगवान

पुरे करने को अरमान मत छीनो हमारी जान

अंजाने मे तुम बिगाड़ रहे खाद्य श्रृंखला का मान

जिससे भुगतने पड़ते तुम सबको परिणाम

पुरे करने को अरमान मत छीनो हमारी जान

देते हम दूध, ऊँन, और शहद सा वरदान

अर्थव्यवस्था मे देश की रहता हमारा योगदान

पुरे करने को अरमान मत छीनो हमारी जान

भुगत चुके हो तुम सृष्टि से खिलवाड़ का अंजाम

कोरोना से तुम्हारी हलक मे आ गई थी जान

पुरे करने को अरमान मत छीनो हमारी जान

बनातें तुम चमड़े से अपनी जरुरत का सामान

क्या तुम्हारी जरुरत से सस्ते है हमारे प्राण

पुरे करने को अरमान मत छीनो हमारी जान

ढोतें तुम्हारा सामान और उगाते तुम्हारा धान

क्या तुम भूल गए हमारे पूर्वजो के एहसान

पुरे करने को अरमान मत छीनो हमारी जान

चलो संकल्प ले हम आज से

करेंगे जानवरो का सम्मान

पुरे करने को अरमान

नहीं लेंगे इनकी जान

नहीं लेंगे इनकी जान

5. मातृभाषा हिंदी

भारत मां के मुकुट पे सजी एक बिंदी हूं
मैं अपने देश की मातृभाषा हिंदी हूं
मधुर, सरल, सहज, में वाणी हूं
कश्मीर से कन्याकुमारी तक बसी जुबानी हूं
मैं देश का मान हूं सम्मान हूं हर देशवासी की पहचान हूं
विदेशों ने भी मुझे खुब अपनाया है
मेरे शब्दों का मेल खूब मन को भाया है
पर अब शायद मैं कहीं विलुप्त हो रही हूं
धीरे-धीरे कही खो रही हूं
सिर्फ हिंदी दिवस पर ही
सबको याद आ रही हूं
मैं तुम्हारी मातृभाषा हिंदी धीरे-धीरे सिमट गई हूं
अगर कोई कहे मुझे बुरा तो
तुम लड़ जाओगे
पर बच्चों को हिंदी नहीं बुलवाओगे
भेजकर इंग्लिश मीडियम में विदेशी चाल चलन सिखाओगे

6. कच्ची उम्र की कहानी

कच्ची उम्र की मेरी कहानी

न था राजा ना ही कोई रानी

जब वह सामने से गुजरता था

दिल मेरा जोरो से धड़कता था

हर वक्त उसी के ख्यालों में डूबा रहता था

चुप चुप के नजरे वह भी मिलाते थे

पर इजहार ए मोहब्बत से घबराते थे

एक दिन हमारी मुलाकात हुई आसमां में मानो बरसात हुई मैं

शर्मआई हुई घबराई हुई उसे निहार रही थी

और वह पगला मेरे बालों को सवार रह था

दुनिया से बेखबर हम डूब गए थे प्रेम कहानी में

हाय यह सोलह वर्ष की जवानी में

मैसेज करते कॉल करते चुप चुप के मिलते थे

फिर एक दिन आया ऐसा बिखर गया मेरे सपनों का वास

नहीं बता रहे थे अपने मुश्किलात

शायद उनके घरवालों को नहीं रास आया हमारा प्यार

और अधूरा रह गया हमारा संसार

7. कौन कहता तू अबला नारी है

लहू में उसके आक्रोश भरा

परंतु हृदय शीतल है हरा

उसका हर वजूद सब पर भारी है

कौन कहता तू अबला नारी है

मनु ने तलवार उठा कर दुश्मन को ललकारा था

क्यों ना चिखी पन्ना

जब उसके पुत्र को मौत के घाट उतारा था

एक नारी जिसने समस्त देश में लाई थी आंधी

कोमल स्वभाव वाली पहली प्रधानमंत्री इंदिरा गांधी

कल्पना की उड़ान को कौन भूल पाया है

पीवी सिंधु की छलांग ने झंडा ऊंचा लहराया है

जगत जननी तुम्हारा हर रूप भारी है

कौन कहता हअबला नारी है

तू सरस्वती, दुर्गा, अंबे मां, पुजारी है

तेरे हर रूप के आगे बेबस दुनिया सारी है

कौन कहता तू अबला नारी है

बेटी बनकर बाबा का बोझ उठाती

मां के काम में हाथ बटाती

भाई की तो जान कहलाती

बन जाए पत्नी तो इस नए रिश्ते को दिल से अपनाती कोमल

मधुर स्वभाव से घर को संजोती

ओढ़ के कपल वह दुनिया बताती है
जगत जननी मां कहलाती है
तेरा हर रूप का पलड़ा भारी है
कौन कहता तू अबला नारी है
कश्मीर से लेकर कन्याकुमारी तक
नासा हों या रॉकेट की सवारी तक
गांव से निकलकर राष्ट्र भवन की चार दीवारी तक
हर क्षेत्र मे खड़ी मिलती ये नारी है
कौन कहता तू अबला नारी है
बदला है युग बदली दुनिया सारी है
कौन कहता तू अबला नारी है
कौन कहता तू अबला नारी है

8. गांव के औरत की कहानी उनके पति की जुबानी

सवेरे जल्दी उठकर
घर का काम निपटा लेना
और फिर खेत पर चल के
हाथ मेरा बटा देना
क्या धीरे-धीरे कर रही
जल्दी हाथ चलाओ
गला मेरा सूख गया
कुएं से पानी भर ले आओ
शांझ जब हो जाये
घर की ओर चली आओ
जब तक मे आराम करू
तुम खाना बनाओ
जब बच्चा रात को रोये
तुम चुप उसे कराओ
चैन से सोने भी नहीं देते
तुम जरा बाहर सो जाओ

9. तितली रानी

निली,पीली, रंग बिरंगी
मैं हूँ फूलो की महारानी
फूलों पर रहती मंडराती
इतरा इतरा कर उड़ने वाली
बताओ मैं क्या कहलाती है?
रंग बिरंगे पंखों वाली
बच्चों के हाथ ना आने वाली
बगिया के सारे रंगों को
खुद पर हूँ चमकाती
इसलिए कहते बच्चे मुझको
तितली रानी,
तितली रानी।

10. मां

कितनी प्यारी तेरी हसरत है मां
डांट के मनाती है और मना कर देती है डांट
होती है जब तू पास लगता है सब कुछ खास
नहीं होती है मेरे पास मेरा मन रहता है उदास
क्योंकि करती है तू दुआ रब से और रब सुनता है
मां की हर अरदास
कितनी प्यारी तेरी हसरत है मां
सब पता होता है तुझे फिर भी तू बनती है अंजान
लगती है तू बिल्कुल नादान
मां ओ मेरी मां तू है सबकी जान
कितनी प्यारी तेरी हसरत है मां
कितनी प्यारी तेरी हसरत है मां

11. बड़ा बेटा

बड़ा बेटा

घर की ज़िम्मेदारियां कंधे पे उठाएगा

छोटी उम्र में बड़ा हो जाएगा

अपनी इच्छाओं, उम्मीदों को मारकर

वो घरवालों के लिए कमाएगा

तभी तो घर का बड़ा बेटा समझदार कहलाएगा

सुबह जब वो काम पे जाएगा

घर की ज़िम्मेदारी, बाबा का बोझ सर पर रख कर

वो सिर्फ़ मुस्कुराएगा

तभी तो घर का बड़ा बेटा समझदार कहलाएगा

सूर्य-सा तपकर, माटी-सा पककर वो मज़बूत हो जाएगा

दिन-भर की थकान वो पल भर में भूल जाएगा

घर की चिंता दिल में दबाकर वो सिर्फ मुस्कुराएगा

तभी तो घर का बड़ा बेटा समझदार कहलाएगा

12. पापा

माटी सा था कोमल हृदय तुम्हारा

रहती थी हमेशा चेहरे पे मुस्कान

ना था किसी से किनारा तुम्हारा

ओ पापा तुम थे हम सब की जान

हमारा गौरव हमारा मान और सम्मान

ना करते तारीफ हमारी ना करते ज्यादा हम से बात

ना कभी डांटा आपने ना दिखाया अपना छिपा प्यार

पर फिर भी पापा आप हो हमारा गौरव, हमारा मान और सम्मान

हर छोटी- छोटी बात याद आती है आपकी

सुबह जल्दी उठना

उठ कर फिर हमें उठाना

तैयार होकर दुकान जाना

शाम को वापस घर आना

और साथ में टॉफी लाना

टॉफी ना देकर हमें चिडाना

13. देश वीरों को सलाम

कतरा कतरा लहू का सींच कर हुआ है देश आज़ाद
वीरों के इस बलिदान पर है देश को नाज़
देश के जवानों ने कितना दर्द झेला था
भारत मां के लिऐ अपनी जान पर खेला था
खूब दहाड़ा भगत सिंह
शेखर भी खूब गुर्राया था
वीर शहीदों ने मिलकर देश को आज़ाद कराया था
गूंजे थे इंकलाब के नारे बुझे थे कई घरों के चिराग़
देश के वीर शहीदों को सलाम
वतन पर हम भी जान लुटाएंगे
कसम मिट्टी की हिंदुस्तान पर आंच न आने देंगे

14. भाई बहन का प्यार

अटूट रिश्ता अटूट बंधन है जिनका

भाई बहन के प्यार के आगे सब रिश्ता है फीका

साथ साथ खिलते हैं फूलों की तरह

घर आंगन में चहकते है पंछी की तरह

सारा दिन करते रहते हैं नोक झोंक छोटी छोटी बात पर होती है
टकरार

मम्मी से शिकायत करने के लिए रहते हैं तैयार

खट्टे मीठे झगड़ो में छिपा है खूब प्यार

बड़ा ही खूबसूरत रिश्ता खुदा ने बनाया है

निश्छल प्रेम जिसमे खूब समाया है

बड़ा ही खूबसूरत रिश्ता खुदा ने बनाया है

15. फौजी के दिल की बात अपनी बीवी से

जा रहा हूं जंग पर अब जंग जीत कर ही आऊंगा
वरना तिरंगे से लिपटकर शान से सो जाऊंगा
तू अम्मा का हौसला बढ़ाना बाबा की लाठी बन जाना
घर के चिराग को सरहद की कहानी सुनाकर
एक जांबाज सिपाही बनाना
फौजन बोली
तु चिंता ना कर घर कि यह फौजन फर्ज निभाएगी
आ गया तिरंगे से लिपटकर तो चिता को मुखाग्नि लगाएगी.

16. बांट दिया इंसान को

जातिभेद के नाम पर बांट दिया इंसान को
मंदिर बाँटे मस्जिद बाँटे
अब बाँटोगे क्या हिंदुस्तान को
कुछ तुच्छ मनुष्य ने नफरत का बीज बोया है
सत्ता, प्रतिष्ठा के लिए हमारा आपा खोया है
धर्म-अधर्म के नाम पर आपस में लड़वाया है
गाय का मुद्दा बनाकर कितनों को मरवाया है
मिटा के नफरत की दीवार मिलकर दीप जलाना है
देश हित के लिए भेदभाव मिटाना है
युवाओं को मिलकर आज एक संकल्प लेना है
अमन भाईचारा विश्व में फैलाना है

17. चल साथी गांव चल

चल साथी मेरे गांव चल

परे रख वाहन परे रख गाड़ी संग मेरे पैदल चल

चल साथी मेरे गांव चल

दिखाऊं खेतों की हरियाली पेड़ों की चहकती डाली

जहां हवा सुगंधित मतवाली है मेरे गांव की बात ही निराली

कच्चे आंगन कच्चे घरों की पक्की दीवारे

चूल्हे पर पकी रोटी चटनी सिलबटें की

वहां की माटी भी बलवाली है वहा की बात ही निराली है

ना शोर-शराबा गाड़ियों का

ना कोई चिंता ना कोई डर

झुककर प्रणाम करें एक दूसरों का सम्मान करें

यहां की संस्कृति दिलवाली है

मेरे गांव की बात ही निराली है

जुड़ा है हरदय जहां से

बीता है सुनहरा कल

चल साथी गांव चल

सादा जीवन उच्च विचार भोला मन सच्चा प्यार

सब मिलकर मनाते होली-दिवाली है

मेरे गांव की बात ही निराली है

18. मेरा साहिल मेरा मोबाइल

साथ मेरे हर वक्त वो रहता पल-पल की खबर है रखता साथ मेरे
देर रात तक जगता मुझे सबसे पहले उठाता है
वह मेरा साथी मेरा साहिल मेरा मोबाइल
जब भी मैं होती हूं उदास
फुला कर मुंह बैठ जाती हूँ उसके पास
उसे निहारते-निहारते
लौट आता मेरा आत्मविश्वास
वह मेरा साथी मेरा साहिल मेरा मोबाइल
तन्हाई को करता मेरी दूर
हंसाता मुझको वह भरपूर
मेरे सारे राज जानता है
मेरी हर बात मानता है
हो जाए मेरी नजरों से दूर
दिल को मेरे आता नहीं सुरूर है
वह मेरा साथी मेरा साहिल मेरा मोबाइल

19. शहीद के घर की कहानी

देश की सीमा पर तन मन वार दिया
वतन की रखवाली में खुद को त्याग दिया
भुल गया चौखट पे मां बाट जो रही
बाबा की दवाइयां भी खत्म हो रही
सजाई जिसकी मांग
थामा जिसका हाथ वो आलिंगन में रो रही
बहन की डोली अब कौन उठाएगा
छोटे भाई के शौक कैसे पूरा हो पाएगा
बाबा -बाबा कह के नन्ही सी जान माटी चुमेंगी
ए फौजी तेरी कमी सबको खलेगी

20. तेरी यादें

जख्म उसका बहुत गहरा सा

दिल पे लग गया मानो पहरा सा

दिल ही टूट गया था मेरा

हाथ जो छुट रहा था उनका

हर वक्त चहकने वाली खामोश सी हो गई

होठों पे मुस्कुराहट आम सी हो गई

अब न जीना अच्छा लगता हैं ना साज श्रीनगर

जब कोई निहारने वाला ही नही तो किसके लिए हु तैयार

हर वक्त उसकी याद में खोई हुई रहती हु

दुनियां के लिए रात में सोई हुई रहती हु

हां पता हैं नही होगा वो मेरा और ना ही लौट आएगा वो सवेरा

मैं तेरी यादों को संवार के रखूंगी

और तेरी लौट आने की राह

तकुंगी

21. सफर जिंदगी का

खट्टा-मीठा सफर जिंदगी का बड़ी ही अठखेलिया दिखाता है
हंसता हुआ सफर जिंदगी का आंखें नम कर ही जाता है
कभी धूप रेगिस्तान की
कभी छांव नीले आसमान की कभी गमों का बादल है कभी खुशियों
से भरा सावन है
आंसुओं से भरी जिंदगी बहुत गुदगुदाती है
एक इच्छा पूरी हो जाए तो दूसरी याद आती है

22. उलझन मन की

बहुत उलझ जाती हूं मन के ख्यालों में जब लिखती हूं शब्द
बह जाती हूं भावनाओं के समंदर में
याद रहता है तो सिर्फ
अपनी उलझन अपनी चिंतन
ना इनसे बाहर निकल पाती हू और ना ही इनसे दूर
अपनी उलझन भरी जिंदगी में बहकी हुई हूं इस कदर
मैं और मेरे साथ रहती है घर की फिक्र

23. एक रिश्ता ऐसा भी

रिश्ता जो तोड़ बैठे आप हमसे

हम आपको ना भूल पाएंगे

जो भूल भी जाएं आप हमें

आँखे बंद करके आपको पहचान जाएंगे ।

कैसे सोच लिया हम आपको छोड़ देंगे कसम खाई हैं हमने आपका

साथ मरते दम तक निभाएंगे

दिल तो तोड़ दिया आपने कल छोड़कर चले जाएंगे जाओगे

तकलीफ इस बात की है हमें आपका साथ नहीं निभा पाएंगे

मोहब्बत तो बेइंतहा कि आपने इसमें कोई शक नहीं

कमी शायद हमारे प्यार में ही रह गई

याद है हमें आपका इस कदर प्यार से देखना

भूले नहीं है हम आपका देखकर शर्मा जाना

जो छोड़ कर चले गए हो आज हमें

हम भी नहीं छोड़ेंगे आपकी राह तकना

24. अपनी पहचान बना

अब बहुत हुआ चल उठ मेहनत कर
कर्म कर और जग में अपना नाम बना
अपना साइन अपना लोगो और अपना एक ब्रांड बना
तोड़ दे सारे बंधन और मत कर किसी का चिंतन
सोच अपने बारे में और अपनी खुशी के बारे में
थोड़ी सी जिद्दी और थोड़ी सी कड़क बन जा
बस मेहनत कर कर्म कर और अपना एक जहान बना चल उड़
ऊंचे आसमा में
और लहरा अपनी जीत का परचम
दुनिया झुके जिसके आगे ऐसा रुतबा ऐसी शान बना
पर किंतु परंतु को रख परे
खुद को जीती जागती एक मिसाल बना

25. मोहब्बत की गलियां

चलो ले चलु मोहब्बत की उन गलियों में
जिसका एक किनारा तुम हो और एक मै
मै जिक्र तेरा करती रहूं तुम लफ्ज़ मेरे पढ़ते रहो
मैं रूप तेरा निहारती रहूं
तुम जुल्फ मेरी सवारते रहो
ना गिला ना शिकवा
ना ही कोई शिकायत
मैं हू, तुम हो और ये इनायत

26. उड़ान आसमा की

उड़ना चाहती हूं आसमा में
आजाद पंछी की तरह
जिसकी ना कोई सीमाएं हो
और ना ही कोई बंधन
होगा यह मेरा और सिर्फ मेरा ऊंचा गगन
मैं बंधी नहीं धर्म के बंधन में
मैं उलझी हूं रिश्तो की उलझन में
एक दिन नया सवेरा आएगा
और मुझे आसमा की शैर कराएगा

27. मेरा गांव बदल रहा है

मेरा गांव बदल रहा है
शहर की और ढल रहा है
भूल के अपने रीति-रिवाज
पाश्चात्य संस्कृति मे ढ़ल रहा है
छूट गया धोती कुर्ता
अब जींस अच्छी लगती है
मां बहनों के माथे पर
अब कहां बिंदी सजती है
कंचे ,गिल्ली ,डंडा अब कौन खेलता है
टेलीविजन मोबाइल इनको झेलता है
चूल्हे पर अब आंखें जलती है
मिट्टी के बर्तन में कहा सब्जी पकती है
पीपल के नीचे कहा नजमें लगते है
दादी की कहानी कौन अब सुनता है
हां सही है वक्त बदल रहा है
मेरा गांव शहर की और ढल रहा है

28. कितना प्यारा वह बचपन का दौर था

कितना प्यारा वह बचपन का दौर था

जहां उमंगों का डेरा गणगौर था

कितना प्यारा वह बचपन का दौर था

जब सुनते थे दादा से कहानी

और समझते थे उन्हें अपनी जुबानी

ना थी मन में कोई परेशानी

कितना प्यारा वो बचपन का दौर था

खेलते हम कंचो और गिली डंडो से

भागते हम कटी पतंग के पीछे

काश मिल जाए वो बचपन कुछ पलों के लिए

जहां रहती थी खुशी हरदम के लिए

ना थी मन में छल कपट गैरों के लिए

आह! क्या दौर था जीने के लिए

कितना प्यारा वो बचपन का दौर था

जहा गिरते हम और रोने वाला कोई और था

कितना प्यारा वो बचपन का दौर था

कितना प्यारा वो बचपन का दौर था

29. पानी हूं मैं

पानी हूं मैं कहीं बेवजह बहाया जाता
तो कहीं बूंद - बूंद सींच कर घड़ो में भरकर लाया जाता
बादलों की गर्जन हूं मैं
मिट्टी की पुकार हूं
किसानों का खिलता हुआ चेहरा
और खुशी का भंडार हूं
मैं हूं तो जीवन है
मैं हूं तो कल है
मुझसे ही खिले खिले वन
और सबको मिलते मीठे फल है
समझो मेरे महत्व को
मैं ही जीवन का सार हूं
टिकी है दुनिया जिस पर वह आधार हूं

30. बाबा की बिटिया

बोझ नहीं घर की लक्ष्मी हु
अभिशाप नही अभिमान हु
बाबा तेरे घर का मान सम्मान हूं
कलंक नही तिलक बनूंगी
बाबा तेरी प्रतिष्ठा का ख्याल रखूंगी
ना जमीन का बंटवारा चाहिए
ना दहेज ढेर सारा
नाजुक सी कली को स्नेह चाहिए तुम्हारा
बाबा मुझे गले लगाकर मेरा डर मिटा दो
समाज के तानों से मुझको बचा दो
पढ़ा लिखा कर काबिल इंसान बना दो

31. पतंग उड़ी सर सर

पतंग उड़ी सर सर
आसमा में गोते खाये
बादलों को छूना चाहे
मोनू आई सोनू आई
सब ने मिलकर पतंग उडाई
हवा में उड़ी फर फर
हवा में उड़ी फर फर
ऊँचे गगन में लहराए
मस्ती में उड़ती जाए
पतंग उड़ी फर फर
पतंग उड़ी फर फर
ऊँची उडकर इतराए
मन को खूब लुभाए
पतंग उड़ी सर सर
पतंग उड़ी सर सर
मन मेरा भी उड़ना चाहे
मन मेरा भी उड़ना चाहे

32. प्रेम पुजारी

वात्सल्य से परिपूर्ण तुम मेरी

कामना हो

मैं प्रेम पुजारी तुम मेरी आराधना हो

वह दर्पण बनना है जिसे नित निहारो

बैठ के सामने मेरे खुद को नित सवारों

घने गहरे बालों में गजरे की तरह सजाओ

काली काली आंखों में सुरमे की तरह लगाओ

अपने नाजुक से कलाइयों में मुझे बंगड़ीओ की तरह खानकाओ

अपने कोमल से पैरों में पायल की तरह चंकाओ

सुहानी वादियों में हवाओं की तरह में महकाओ

बादलों की काली घटाओं की तरह मंडराओ

हवस नहीं जो एक रात पाना है

बसर करने जीवन संग आशियाना बनाना है

नित्य सांज सवेरे तेरी आरती गाऊं

भूलकर अपनी महिमा को तुझ में समा जाऊं

रोम-रोम मेरा कर रहा पुकार बरसाओ मुझ पर मेघ की फुहार

और क्या कहूं बस तुम यू धड़कन बनकर मेरे दिल में समा जाओ

33. मां की ममता

मौत की चादर ओढ़ कर दुनिया बताती है हर दुख तकलीफ में
साथ निभाती है

तभी तो मां जन्नत कहलाती हैं

खुद गीले में सोकर हमें सूखे में सुलाया

खुद भूखी रहकर हमें खिलाया

भूल के अपने सपनों को अपना संपूर्ण जीवन हम पर लुटाया

ईश्वर नहीं तो ईश्वर का दूसरा रूप है तू माँ

तेरे इसी कोमल स्वभाव के आगे

फीकी है जग की माया

मां होती है प्रथम पाठशाला

अंधेरे से दिल के कोने में करती है उजाला

हर परिस्थिति में मां की बात याद आती है

तभी तो मां जन्नत कहलाती है

34. वो तो मेरी डायरी ही होती है

लफ़्ज़ो को मेरे शब्दों मे संजोती है
चाहत को मेरी अपने सीने मे बोती है
वो तो मेरी डायरी ही होती है
कहानी को मेरी कभी नहीं खोती है
झूठ को भी मेरे सच वो कहती है
वो तो मेरी डायरी ही होती है
बिन बोले भी सबकुछ वो कहती है
मुश्किलों मे मेरे संग वो होती है
वो तो मेरी डायरी ही होती है
गमो मे मेरे खुद वो रोती है
ख़ुशी के पलो को संजोये वो रहती है
वो तो मेरी डायरी ही होती है
ख़ुशी ग़म या फ़िक्र सबकुछ वो ढोती है
जीवन की मेरी कहानी वो कहती है
वो तो मेरी डायरी ही होती है

35. बुरा सपना इसबार

विश्व मे था
जिससे हाहाकार
हर व्यक्ति था
जीवन बचाने को लाचार
फिर लौट ना आए
बुरा सपना इसबार
जान बचाने अपनों की दौड़ते थे हर द्वार
ऑक्सीजन की कमी से तड़पा था हर बीमार
फिर लौट ना आए
बुरा सपना इसबार
अस्पतालों मे थी
बीमारों की भरमार
नया जीवन पाने को
लगा रहे थे पुकार
फिर लौट ना आए
बुरा सपना इसबार
अपनों के शवों को
बहाने से थे लाचार
गंगा भी शवों से
हो गई थी बीमार
फिर लौट ना आए
बुरा सपना इसबार
लाशे जलाने को
लगती थी कतारे हरबार

कब्रिस्तानो मे थी
हर तरफ गड्ढों की भरमार
फिर लौट ना आए
बुरा सपना इसबार
वैक्सीन है इसका
एकमात्र उपचार
वैक्सीन लगवाएगा
प्रत्येक परिवार
नहीं लौटेगा
बुरा सपना इसबार
नहीं लौटेगा
बुरा सपना इसबार

36. मंजिल अपनी पार कर

अंबर सा विशाल

पर्वत सा कठोर बन

अडिग रहकर निकल अपनी राह पर

ना झुक कर ना रुक कर

तु मंजिल अपनी पार कर

जल सा बहकर

लोह सा तपकर

फौलादी जज्बे से

मुश्किलें पछाड़ कर

तु मंजिल अपनी पार कर

शेर से गुर्रा कर

अश्व सा दौड़ कर

मिले जो विपदाएं राह में

धैर्य से पार कर

अर्जुन सा निशान रख

दीपक सा गुमान रख

इतिहास दोहराएगा

अपना नाम इसी हौसले से

तु मंजिल अपनी पार कर

तु मंजिल अपनी पार कर